SUR LA NATURE

DE L'AME.

SANS COUVERTURE.

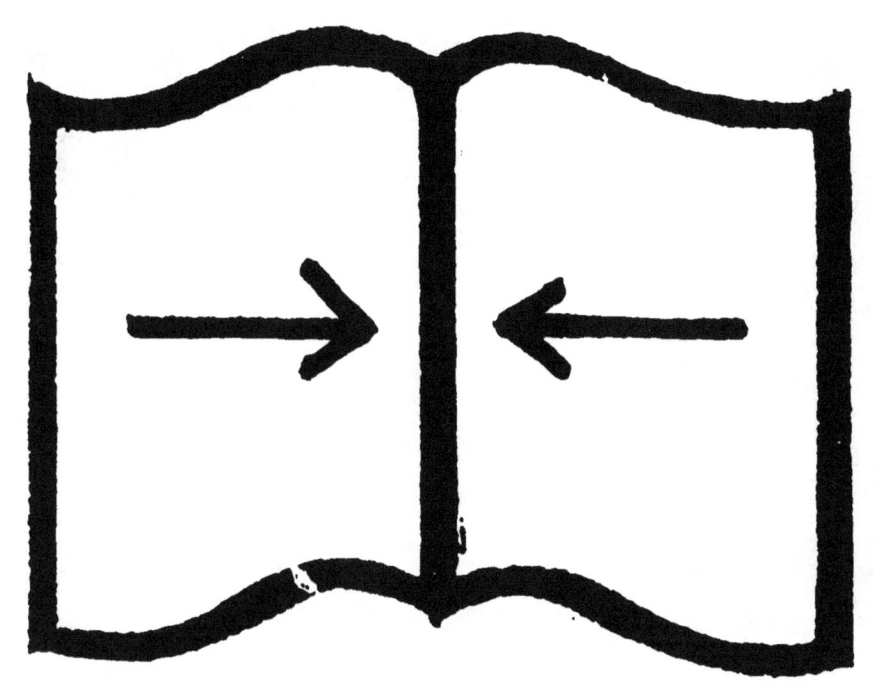

RELIURE SERREE
Absence de marges
intérieures

VALABLE POUR TOUT OU PARTIE DU
DOCUMENT REPRODUIT

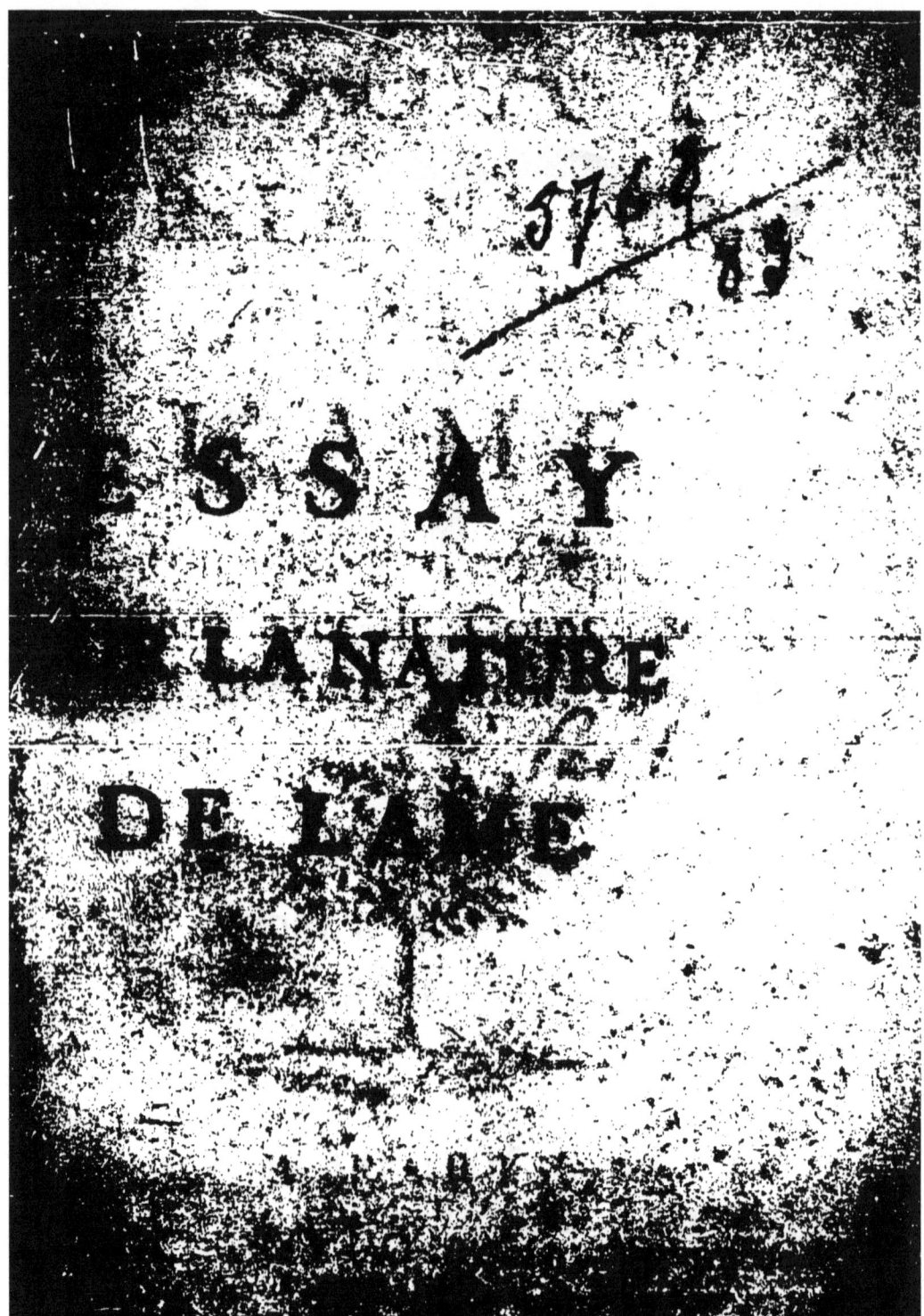

ESSAY
SUR LA NATURE
DE
L'AME,

Où l'on tâche d'expliquer son union avec le Corps, & les loix de cette union.

Par Louis

A PARIS,

Chez CHARLES OSMONT, Imprimeur-Libraire, rue S. Jacques, à l'Olivier.

MDCCXLVII.

AVERTISSEMENT.

LEs diverses altérations de l'esprit qui dérangent toute l'œconomie du corps de l'homme, & les différens désordres de notre machine qui affectent diversement l'esprit, sont des vérités de fait qu'on ne peut pas révoquer en doute, & qui établissent une liaison si intime, & une dépendance si mutuelle entre le Corps & l'Ame, qu'il semble que ces deux substances n'en fassent qu'une. Des observations

AVERTISSEMENT.

non moins certaines, nous démontrent qu'il est dans l'intérieur de notre cerveau un lieu fixe où l'Ame réside, & où elle exerce toutes ses opérations. Ces principes sont incontestables ; mais ils ne s'accordent pas avec les opinions métaphysiques que l'on croit être tellement indubitables, qu'on ne craint point de dire qu'elles sont d'éternelle vérité, æternæ veritatis ; telle est la force des préjugés ! On tâchera de les détruire ici, & d'accorder la Raison & la Métaphysique la plus pure avec les observations Physiques & la Religion, dont

AVERTISSEMENT.

les fondemens font le plus ferme appuy des bonnes mœurs. On fera voir que le commerce étroit qu'on remarque entre l'efprit & la matiére, n'exclut pas la diftinction réelle de ces deux fubftances, qu'on établira d'abord fur des principes qui paroiffent devoir fatisfaire les perfonnes qui font ufage de leur raifon : En admettant les faits qui démontrent que l'Ame occupe un lieu borné & limité, on efpere éluder les conféquences qu'en tirent tous ceux qui croyent le matérialifme de l'Ame : fentiment dont les faux principes éblouif-

viij AVERTISSEMENT.

sont particulierement ceux qui examinent la nature de plus près, parce qu'affectant de ne juger de rien que sur le témoignage de leurs sens, ils se font une loi de douter de tout ce qui peut troubler le repos de leur esprit, sous le prétexte que leurs sens ne leur en donnent point de certitude, & qu'ils n'en apperçoivent pas même la probabilité.

Les réflexions dont on fait part au Public dans ce petit ouvrage, sont extraites du Livre d'un Philosophe (a) dont les principes ont paru convaincans. Cet extrait n'avoit point

(a) M. de Saint Hyacinte.

d'abord été fait pour paroître fous la forme & fous le titre où il eft. Les propofitions qu'il renferme étoient parfemées dans un autre ordre, entre des Obfervations Anatomiques relatives à cette matiére, mais qui pouvant trouver une place plus utile, feront réfervées pour une occafion plus favorable aux progrès de l'Art de guérir. On a même retouché cet Extrait, de façon qu'on y a employé, autant qu'on a pu, les propres termes de l'Auteur, afin de ne point altérer fon vrai fens, & que le jugement qu'on en portera réjail-

x AVERTISSEMENT.

lisse totalement sur lui, sans qu'un second puisse en aucune façon en partager l'honneur, n'y ayant d'autre part que l'arrangement & la disposition de la matiére; qui n'a pas demandé un travail qui mérite d'être le motif d'aucunes louanges.

ESSAY
SUR LA NATURE
DE L'AME,

Où l'on tâche d'expliquer son union avec le Corps, & les loix de cette union.

LE Corps humain est formé d'un assemblage prodigieux de tuyaux, de machines hydrauliques & pneumatiques, & de léviers de tout genre : c'est un composé de parties solides & fluides, dont l'action réciproque exécute toutes les fonctions auxquelles il est destiné. On ne voit dans sa structure qu'une matiére organisée avec un art admirable, & dont les mouvemens sont déterminés par la construction & le poids de la machine, & par la nature & la qualité des liqueurs. Le moindre défaut dans cette organisation, & dans cet accord mutuel entre les liqueurs & les solides, détruit, ou du moins trouble & dérange nécessairement l'exercice des fonctions.

Fonctions vitales. On distingue trois espéces de fonctions dans le corps de l'homme, les vitales, les naturelles, & les animales. On entend par fonctions vitales, celles qui ne peuvent être abolies totalement sans causer immédiatement la mort du Sujet. Telles sont la circulation du sang, la respiration, & l'action de quelques parties du cerveau, qui dans l'état naturel n'eſt qu'une ſuite des deux premieres.

Les fonctions naturelles ſont celles qui ſervent à la conſervation & à l'entretien de la machine: elles ne ſont que ſécondaires, & peuvent être dérangées ſans opérer immédiatement la deſtruction du Sujet. Telles ſont la digeſtion qui prépare les ſucs qui doivent réparer le corps, la nutrition qui eſt l'emploi de ces ſucs, l'accroiſſement qui eſt une ſuite de la nutrition & de l'extenſibilité des parties, les ſécrétions des liqueurs particulieres qui émanent de la maſſe du ſang; on peut y joindre la génération, qui non-ſeulement conſerve l'homme, mais le rend même en quelque façon immortel, en perpétuant ſon eſpece & en le faiſant revivre dans ſes ſucceſſeurs. *Fonctions naturelles.*

On ſçait aſſés la différence qu'il y a entre les fonctions naturelles

& les vitales, puisque l'action de celles-ci ne peut être un moment interrompue, sans mettre la vie dans un péril éminent : celles là au contraire peuvent souffrir plusieurs altérations ; & il est même à propos que l'exercice de quelques-unes soit souvent surcis, plus ou moins cependant, selon la nature de l'action, & selon la force ou la débilité des organes qui y servent. Elles ont ceci de commun, c'est qu'elles paroissent dépendre purement *des principes automatiques*, & n'être que l'effet de l'arrangement & de la combinaison de la matiére. On remarque en effet dans les végétaux, de même que dans le corps de l'homme, une circulation de sucs nécessaires pour la vie, la nutrition & l'accroissement ; ces dernieres fonctions ne peuvent être que la suite d'une digestion & d'une élaboration particuliére des sucs de la terre, puisque dans le même terrain, & à côté les unes des autres, l'on voit croître également des plantes salutaires & des nuisibles. Malpighi (*a*) a découvert les organes de la respiration dans les plantes, & a démontré la structure de leurs trachées. La génération qui est dans l'homme un mystére impénétrable, est à un plus haut dégré de perfection dans les plantes, dont l'heureuse & surprenante fécondité nous fournit les alimens les plus conformes à notre nature. La méchanique d'un Moulin n'est-elle point une image de quelques phénoménes de la digestion ? On y voit la mastication, la séparation des parties les plus déliées de la matiére broyée, & l'expulsion des féces ; on est donc bien fondé de croire après tous ces faits que les fonctions vitales &

(*a*) Anatom. plant.

les naturelles, font un produit de la méchanique du corps.

Fonctions animales. Les fonctions animales qui font propres aux corps animés, font *le sentiment & le mouvement*, c'est-à-dire, la faculté de sentir les impressions extérieures, & la puissance de se mouvoir. Pour avoir des notions claires sur ces fonctions, on ne peut se dispenser d'en connoître le principe & la cause : c'est le sujet de ce petit ouvrage.

Le principe du sentiment & du mouvement n'est point matériel. Le pouvoir d'agir ou de mettre quelque chose en mouvement, doit dépendre & dépend effectivement d'un principe actif; & il n'y a qu'un principe sensible qui puisse s'appercevoir des impressions qui lui sont extérieures. Le principe du mouvement & du sentiment qui a ces propriétés, est donc une substance sensible & active, & cette substance

substance est un être distingué de la matière ; car ce principe & la matière ont des propriétés incompatibles & contradictoires: l'une n'est qu'un assemblage d'êtres infiniment petits & infiniment solides; on ne voit dans l'autre que sensibilité & activité : si l'ame étoit matérielle, elle n'auroit point d'autres propriétés que celles de la matière, & la matière auroit aussi toutes les propriétés de l'ame, & devroit être sensible & active : proposition absurde, qui trouveroit dans toutes les parties d'un grain de sable, d'une goutte d'eau, d'une particule d'air, autant d'agens libres & intelligens : telle est l'extravagante conséquence qui se déduiroit de la supposition que l'Ame n'est que le résultat de la méchanique du corps.

Je joins à cette preuve le raisonnement qui suit : c'est un

extrait d'un Livre de l'Abbé de Dangeau, fait par Bayle, qui est inféré dans le premier Tome des Nouvelles de la République des Lettres, & que quelques Auteurs dont les sentimens du cœur sur cet article ne doivent point rendre le témoignage suspect, ont regardé comme une démonstration aussi assurée que celles des Géometres.

» Quand vous vous chauffez
» la main, il est sûr que vous
» avez une sorte plaisir ; si dans
» le même tems on approche de
» votre nez une odeur agréable,
» vous sentez une autre espece
» de plaisir. Si je vous demande
» lequel de ces deux plaisirs
» vous plaît davantage, vous
» me répondrez que c'est celui-
» ci ou celui-là : vous compa-
« rez donc ensemble ces deux
» plaisirs & vous jugez d'eux en
» même-tems. Si après que vous

» vous êtes échauffé, & que
» vous avez senti l'odeur, je
» vous fais voir un beau tableau
» *du Poussin*, si je vous fais en-
» tendre Mademoiselle *Rochois*,
» si je vous fais manger un pota-
» ge de *Talbot*, n'est-il pas vrai
» que vous pourrez dire lequel
» de tous ces plaisirs a été le plus
» grand ? Il faut donc que ce qui
» juge en vous ait ressenti tout
» cela. Ce même *vous* qui juge,
» connoît si un plaisir des sens est
» plus grand qu'une spéculation,
» & choisit entre ces deux choses.
» Donc le même principe qui sent
» les plaisirs sensuels, sent aussi les
» spirituels, & juge & veut : c'est
» une preuve manifeste que votre
» nez ne sent point l'odeur, &
» que votre main ne sent point la
» chaleur. Car comme la main &
» le nez sont deux choses absolu-
» ment distinctes l'une de l'autre,
» il est aussi impossible que l'une

» sente ce que l'autre sent, qu'il
» est impossible que nous sentions
» dans cette chambre le plaisir
» que sentent présentement ceux
» qui sont à l'Opéra : il faut donc
» non-seulement que vous qui
» sentez l'odeur & la chaleur tout
» à la fois, ne soyiez point le nez
» & la main ; mais aussi que ce
» soit une chose où il n'y ait point
» plusieurs parties, parce que s'il
» y avoit plusieurs parties, l'une
» sentiroit la chaleur pendant que
» l'autre sentiroit l'odeur, & l'on
» n'y trouveroit rien qui sentît
» tout ensemble l'odeur & la cha-
» leur, qui les comparât ensem-
» ble, & qui jugeât que l'une est
» plus agréable que l'autre. Il
» faut donc conclure de toute né-
» cessité que votre ame qui est le
» principe de vos sentimens est
» un être simple ; si elle est sim-
» ple, elle est indivisible ; & si
» elle est indivisible, elle est im-

» mortelle, parce qu'il ne se fait
» point de destruction naturelle-
» ment que par la séparation des
» parties qui composent un tout.
» Ne me dites pas que chaque par-
» tie de l'ame reçoit ce que toutes
» les autres reçoivent ; car si dans
» cette supposition votre ame a-
» voit deux parties, il y auroit
» en vous deux choses qui senti-
» roient, qui jugeroient & qui
» voudroient, sans qu'il vous ar-
» rivât plus d'avantage que s'il
» n'y en avoit qu'une ; d'où il
» s'ensuit que l'une d'elles seroit
» entiérement inutile.

Ce que nous venons de rap- Nature
porter, est plus que suffisant pour de l'Ame.
convaincre de l'existence d'une
substance, principe de nos fonctions, & absolument différente
de la matiere. On nomme cette
substance *spirituelle* ; mais quelle
est sa nature ? C'est un être tout
différent de la substance maté-

rielle, puisqu'elle a des propriétés contradictoires; elle n'est point solide, parce que la solidité est opposée à la sensibilité & à l'activité; elle n'est pas pesante, puisqu'elle n'est pas solide; elle n'a pas de figure déterminée, parce qu'une figure déterminée suppose de la solidité; par la même raison elle n'est pas visible, parce qu'il faut de la solidité pour réflêchir la lumiere; enfin elle n'est point dure, parce que la dureté est opposée à la sensibilité, & que d'ailleurs elle suppose la solidité.

La substance spirituelle est simple, sensible & active, elle a en elle-même le principe de son action, & constitue un être qui a le pouvoir de sentir, de réflêchir, de juger, de vouloir & d'agir, toutes proprietés négatives à celles de la matiere.

Siége de l'Ame.

Il ne faut point de raisonnemens pour nous décider sur le lieu que l'Ame occupe ; il faut que les conjectures soient soumises à des faits constans : *le corps calleux* est la partie du cerveau où l'Ame réside : c'est-là son siége, c'est de ce lieu qu'elle exerce ses fonctions. En donnant un précis des preuves qui lui établissent ce domicile, on pourroit empêcher quelques Lecteurs peu curieux ou faciles à satisfaire, de voir le Mémoire que M. DE LA PEYRONIE a donné sur ce sujet ; ce seroit les priver en même-tems de la satisfaction qu'ils auroient eue en apprenant par quelles voyes on a pû mettre en évidence une matiére aussi difficile à approfondir. Cet ouvrage est inféré dans les Mémoires de l'Académie Royale des Sciences, année 1742.

L'Ame est un être fini & borné qui est étendu dans le lieu qu'il oc- Etendue de l'Ame.

cupe. Cette proposition n'est point téméraire, & il est aussi facile de la prouver, que de faire voir que la proposition contraire, quoiqu'admise par plusieurs Philosophes, & entre autres par les Cartésiens & les Malbranchistes, est une source d'erreur & d'impiété. L'étendue est un attribut nécessaire à tout ce qui existe de créé : notre Ame existe, comme il a été démontré, elle est donc étendue : un être fini ne peut exister, sans être quelque part & sans occuper le lieu où il est ; l'Ame étant un être simple, ne peut pas à la vérité être bornée par des parties terminantes ; mais elle le sera par les êtres environnans, & par l'être où elle sera contenue, puisqu'elle n'est pas infinie. Elle occupera donc le lieu où elle sera, & par conséquent aura une étendue.

En vain m'objectera-t-on *que tout ce qui est étendu est matériel*, c'est un faux principe qu'une Philosophie trop universellement reçûe, a fait admettre comme une vérité incontestable ; car tout être qui existe doit être étendu à raison de sa substance, l'étendue étant l'attribut inséparable de l'être à raison de ce qu'il est. L'étendue n'est qu'une idée abstraite de l'existence des choses, & par conséquent n'a, ainsi que toutes les autres propriétés ou attributs, rien de réel que la substance même des choses qui existent. L'étendue est une propriété universelle qui convient à tout être existant, même de nature essentiellement différente ; elle ne leur convient pas à la vérité de la même maniére ; mais à raison de la nature de leurs substances, puisqu'elle n'est rien

Ce que c'est que l'étendue.

en foi de diſtinct de la réalité de leurs ſubſtances.

Il y a plus, ſi l'on entend par étendue, quelque choſe de diviſible & de meſurable, on pourroit dire que la matiére n'eſt point étendue ; car la matiére étant phyſiquement impénétrable, elle eſt indiviſible. On ne peut pas dire la moitié d'une ſubſtance, le quart d'une ſubſtance; ce ſeroit une contradiction dans les termes comme une impoſſibilité dans la choſe: quand on dit qu'on diviſe un corps, on ne fait qu'une ſéparation des parties qui le compoſent ; on ne diviſe point la matiére en elle-même, on détruit ſeulement l'union & l'aſſemblage des molécules de la matiére ; ainſi ceux qui objectent que par tout où il y a de l'étendue, il y a de la diviſibilité ſe trompent, & voici la cauſe de leur erreur : ſans avoir fait attention à ce que c'eſt que l'étendue dont ils ont reçu une idée abſtraite de la co-exiſtence des êtres viſibles, & de la diſtance de ceux qu'ils apperçoivent dans l'éloignement, qu'ils ont vû ces êtres diſtincts les uns des autres, terminés par des figures particulieres, ſéparables les uns des autres par le mouvement; ils ont joint l'idée de l'étendue & de la diviſibilité ſi étroitement l'une à l'autre, qu'ils ſe ſont aiſément perſuadés qu'elles ſe ſuppoſoient néceſſairement, ſans obſerver que quoique la diviſibilité ſuppoſât l'étendue, l'étendue ne ſuppoſoit pas la diviſibilité ; qu'ainſi c'étoient deux propriétés qui pouvoient ſe trouver enſemble; mais qui pouvoient auſſi ne s'y pas trouver. *Deſcartes*, & tous ceux qui ont embraſſé ſa doctrine, au lieu de dire que l'étendue étoit *un attribut eſſen-*

tiel à la matière & *la pensée un attribut essentiel à l'esprit*, ont dit que l'essence de l'esprit consistoit dans la pensée, & l'essence de la matière dans l'étendue, & ils l'ont dit par opposition de l'être pensant à l'être matériel ; comme si le propre ou l'essence de l'un étoit d'être étendu, & le propre ou l'essence de l'autre étoit de ne l'être pas. Ainsi ils ont fait consister l'essence d'une substance dans ce qui la suppose, & ont pris des propriétés pour l'essence réelle des êtres : c'est un renversement d'idée d'où peut naître une confusion & dans les choses & dans les termes.

Descartes en faisant consister l'essence de la matière dans l'étendue, a conclu que *tout ce qui étoit étendu étoit matériel*, & a été obligé de dire que l'Ame n'avoit point d'étendue. De ces propositions, de prétendus esprits forts ont conclu que l'ame n'étoit point un être différent du corps, mais qu'elle consistoit seulement dans les mouvemens de sa mécanique, comme si des mouvemens pouvoient être des êtres qui eussent des propriétés, & qu'un mouvement pût sentir, pût avoir une idée & un volonté. Ils appellent à leur secours leur grand raisonnement qui fait impression sur tant de gens, qu'il y en a qui admettent la distinction réelle de l'ame & du corps, & qui prétendent & soutiennent en même-tems qu'on ne peut la prouver ni la croire que par les lumieres d'une révélation divine. Voici ce grand argument.

» L'ame n'est point étendue, car
» elle seroit matérielle : n'ayant
» point d'étendue elle n'est nulle
» part ; car si elle étoit quelque
» part, elle occuperoit un lieu,
» & auroit par conséquent une

» étendue quelconque. Or on ne
» conçoit pas qu'un être qui n'eſt
» nulle part exiſte. L'ame n'eſt
» donc qu'un réſultat de la mé-
» canique du corps &c. « On croit
le prouver en faiſant voir combien dans certains cas l'ame eſt
affectée de divers états de bien
ou de mal où le corps ſe trouve, & combien ce qu'ils diſent
que nous appellons *ame*, influe
ſur l'état du corps.

Les principes que nous avons
poſés détruiſent & renverſent ce
raiſonnement, qui n'a, comme on
le voit, d'autre appui que la négation de l'étendue de l'ame.

En privant l'ame d'étendue,
Deſcartes a-t-il mieux rencontré
en lui donnant la penſée pour
eſſence? Non ſans doute. La penſée n'eſt que l'effet de la ſenſibi-
lité & de l'activité : or un effet
n'eſt point une propriété eſſen-
tielle, il en ſuppoſe ſeulement

une capable de la produire, & la propriété de pouvoir penser suffit pour faire un être pensant, un être spirituel. Quand un être qui par sa nature est sensible & actif, n'exerceroit ni sa sensibilité, ni son activité, comme il arrive par la mauvaise disposition des organes dans certaines maladies, il ne laisseroit pas toujours d'être ce qu'il est, capable de sentir & d'agir, & cela suffit pour le distinguer essentiellement de tout être matériel.

Si l'essence de l'ame consistoit dans la pensée, on ne dormiroit jamais; car le sommeil est la suspension de toute action. Dormir, c'est ne penser à rien. Ce n'est pas le corps qui dort, c'est l'ame. Le corps ne dort ni ne veille, il agit & se repose, mais sans sentir qu'il agit ou qu'il se repose, non plus qu'une montre qui va, ou une montre qu'on a oublié de remonter; l'Horloger s'en apperçoit, mais la montre n'ent fent rien.

Union de l'ame avec le corps. L'union de l'ame avec le corps cause quelques doutes sur la distinction réelle de ces deux substances : on a peine à concevoir qu'une si grande dépendance, qu'une union si étroite puisse se trouver entre deux êtres si distincts. Ces fureurs, ces extravagances, ces visions, ces aliénations de l'esprit, cet abattement douloureux, la perte de la mémoire, les inquiétudes, les angoisses, les altérations de toute la machine qui passent jusques dans l'ame, où les passions de l'ame qui altèrent toute la machine, les diverses façons de penser dans la santé ou dans la maladie, dans l'agitation ou dans la sérénité, sont les fondemens de ces doutes : une comparaison aussi sensible que juste, répondra à ces difficultés : c'est M. de Saint-Hyacinte qui parle, (a)

» Je suppose un Pilote qui
» monte un vaisseau pour un
» voyage de long cours ; il a di-
» vers Matelots sous ses ordres :
» ce sont les esprits animaux du
» vaisseau dont il est l'ame ; il
» leur commande, ils obéissent
» à sa voix, ils appareillent, ils
» partent ; le Pilote ordonne
» la manœuvre nécessaire pour
» prendre le vent ou pour le con-
» server ; la mer est sans vagues,
» le ciel sans nuages, le vent
» doux & favorable, le vaisseau
» gouverne bien & sans peine. Il
» ne peut se faire que le Pilote
» ne goutte du plaisir dans le
» commencement de cette navi-
» gation ; il jouit long-tems de
» ce plaisir, tout le favorise.

» Cependant le vent cesse tout
» à coup, un calme parfait suc-
» céde & dure presque la moitié

(a) Recherches philosophiques, pag. 309.

» d'un mois, l'eau de la mer est
» comme de l'huile ; un soleil ar-
» dent darde à plomb ses rayons,
» le gouvernail est inutile, & les
» voiles ne peuvent servir qu'à
» faire de l'ombre ; le plaisir s'é-
» vanouit alors, l'ennui prend sa
» place & avec l'ennui la crainte
» qu'un si long calme ne soit suivi
» de quelque tempête.

» En effet le ciel se couvre de
» nuages, l'air s'obscurcit, le vent
» s'éleve, devient furieux & bien-
» tôt on voit les vagues blan-
» chissantes accourir de toutes
» parts & venir se briser contre
» le vaisseau ; elles l'agitent si
» rudement qu'elles l'englouti-
» roient s'il étoit moins grand,
» & qu'elles l'ouvriroient s'il
» étoit d'une moins bonne cons-
» truction ; le Pilote peut à peine
» tenir le gouvernail, & quelque
» effort qu'il fasse, il ne peut te-
» nir son vaisseau contre la mer

» & le vent : pour comble de mal-
» heur il est porté dans un cou-
» rant qui l'entraîne loin de sa
» route & qu'il ne peut refouler,
» lors même que la tempête est
» finie. Que faire ? Il est dans ce
» vaisseau. Il est vrai qu'il le gou-
» verne à sa volonté quand il
» n'est pas maîtrisé par les vents
» ni les flots ; mais il en doit
» souffrir tous les inconveniens,
» lorsque leur force est supérieure
» à la sienne & à tout l'art de la
» manœuvre.

» Lors même que le Pilote vo-
» gue avec le meilleur vent, peut-
» il s'empêcher de sentir les moin-
» dres mouvemens de ce vaisseau ?
» Non. Il y est uni, il faut qu'il
» sente ce qui s'y passe, qu'il y
» essuye jusqu'au désagrément des
» vapeurs qui s'élevent du fond
» de cale, & celui des mauvaises
» odeurs qui s'exhalent des mar-
» chandises, des provisions, des

» passagers & de tout l'équipage ;
» il est uni à ce vaisseau. Je sup-
» pose maintenant que ce vais-
» seau entraîné par la rapidité du
» coulant soit porté contre des
» rochers où il se brise ; tout est
» englouti, le seul Pilote échap-
» pe : le vaisseau peut donc périr,
» & le Pilote subsister après la
» perte de son vaisseau : ainsi
» quoiqu'uni avec son vaisseau, le
» vaisseau & lui n'étoient pas la
» même chose.

» En supposant, si on veut,
» qu'il eût péri dans le naufrage
» de son vaisseau, quoique lors-
» qu'ils étoient l'un & l'autre en
» bon état, l'un fit sentir des
» mouvemens involontaires à
» l'autre, & que l'autre fit chan-
» ger & mouvoir son vaisseau se-
» lon sa volonté, il est certain
» que le corps du Pilote n'étoit
» point une partie du vaisseau.

» Deux êtres très-distincts peu-

» vent donc être unis, de forte
» qu'ils feront dans une mutuelle
» dépendance fans être pour cela
» de la même efpece. Ainfi l'exif-
» tence de l'être fpirituel nécef-
» fairement diftinct de la matiére,
» étant démontré par l'impoffibi-
» lité qu'il y a que la matiére foit
» fenfible & active, la dépendan-
» ce mutuelle de l'ame & du corps
» ne fait pas une difficulté qui puif-
» fe affoiblir la conviction de la di-
» ftinction réelle de ces deux êtres.

Après tout ce qui vient d'être dit, les loix de l'union de l'ame avec le corps ne feront pas difficiles à concevoir : car deux chofes font unies lorfque leur fituation eft telle qu'elles fe touchent immédiatement ; c'eft-là l'idée de l'union. Or, puifque l'être fpirituel exifte en quelque part, il touche ce qui l'environne immédiatement, quelque chofe que ce foit : car ce n'eft pas

Loix de l'union de l'ame avec le corps.

la nature des êtres qui fait qu'ils se touchent, c'est leur approximation & leur situation. Que l'ame se trouve donc placée dans le cerveau immédiatement où se rapportent tous les mouvemens de ce qui se passe dans le corps, & qu'active, elle y puisse même parcourir l'endroit où vraisemblablement se conservent les traverses qu'elle aura reçues, elle recevra alors à l'occasion de tels ou tels mouvemens tous les sentimens qu'elle doit recevoir selon l'institution du Créateur, & retrouvera même ceux qu'elle aura reçus autrefois : & comme cette union l'asservit à recevoir divers sentimens involontaires, elle la met aussi en état de communiquer au corps sa volonté & de le faire agir en conséquence. Quoi de plus conforme à ce que nous sentons, lorsque nous rentrons en nous-mêmes?

F I N.

TABLE

Des Matieres contenues dans ce petit Ouvrage.

A

Ame. Sa nature, *page* 21
Ame, est un être fini & borné, 23
Ame, est un être simple, 20
Ame, est un être étendu, 23
Argument contre l'étendue de l'ame, 29
Ame : elle n'est point bornée par des parties terminantes, 24
Ame : elle est bornée par les êtres qui l'environnent, 24
Ame : son domicile est dans le cerveau, 23
Ame, est une substance sensible & active, 22
Ame : elle a en elle-même le principe de son action, 22
Ame, est une substance indivisible, 20
Ame : elle est immortelle, 20

TABLE

C

Cerveau. L'action de quelques-unes de ses parties est essentiellement nécessaire à la vie, 12

Circulation (la) du sang est une fonction vitale, 12

Circulation des liqueurs dans les plantes, 14

Comparaison fort juste sur l'union de l'ame avec le corps, 33

Corps calleux (le) est la partie du cerveau où l'ame exerce ses fonctions, 23

Corps humain : sa structure est admirable, 11

Corps humain (le) est une machine hydraulique & pneumatique, 11

Corps humain : son accroissement est une suite de la nutrition & de l'extensibilité des parties. 13

D

Descartes, sa doctrine est insoutenable sur la nature de l'ame, 27

Dépendance (la) mutuelle du corps & de l'ame n'exclut que la distinction réelle de ces deux substances, 37

Digestion (la) est une fonction naturelle, 13. Elle prépare les sucs qui doivent

DES MATIERES.

doivent réparer le corps, 16

Digestion : la méchanique d'un moulin en est une image, 15

Divisibilité (la) n'est que la séparation des parties d'un corps, 26

E

Essence de l'ame : elle consiste dans l'activité & la sensibilité, 22

Essence de l'esprit : elle ne consiste pas dans la pensée, 28

Essence de la matiere, elle consiste dans la solidité, 17. Elle ne consiste pas dans l'étendue, 28

Etendue, ce que c'est, 25

Etendue est l'attribut inséparable de l'être, 16

Etendue n'est point quelque chose de divisible & de mesurable, 26

Etendue : elle ne suppose pas la matérialité, 25

Etendue : elle est une proprieté nécessaire à tout ce qui existe de créé, 24

Etendue elle est une idée abstraite de l'existence des choses, 25. Elle n'est rien de réel que la substance même des choses qui existent, 24

Etendue : elle est une proprieté universelle qui convient à tout être exi-

TABLE

stant, même de la nature essentiellement differente, *ibid.*

Etendue : elle ne suppose point la divisibilité, mais la divisibilité suppose l'étendue, 27

Etendue : la négation de l'étendue de l'ame est une source d'erreurs, 24

F

Fonctions du corps : elles dépendent de l'action réciproque des solides & des fluides, 12

Fonctions animales sont propres aux corps animés, 16. Elles consistent dans le sentiment & le mouvement, *ibid.*

Fonctions animales : elles dépendent d'un principe distingué dans la matiere, 16

Fonctions naturelles servent à l'entretien de la machine, 13

Fonctions vitales : elles ne peuvent être abolies sans causer la mort, 12

Fonctions (les) vitales & les naturelles s'exécutent par le seule arrangement de la matiere, 14

G

Génération : cette fonction est naturelle, 33

DES MATIERES.

Génération (la) rend en quelque façon l'homme immortel, 13

Génération est à un plus haut degré de perfection dans les plantes que dans l'homme, 15

I

Impénétrabilité : proprieté de la matiere, 26

L

La Peyronie. (M. de la) Son Ouvrage sur le siege de l'ame, 23

Loix de l'union de l'ame avec le corps, 37

M

Malpighi a découvert les organes de la respiration dans les plantes, 15

Matiere : elle est physiquement impénétrable, 26

Matiere (la) est indivisible, 26

Mouvement : la faculté de se mouvoir est une fonction animale, 16. Cette puissance dépend d'un principe actif, *ibid.*

N

Nutrition : c'est une fonction naturelle, 13. Elle employe les

TABLE

sucs que la digestion a préparés, *ibid*

Nutrition : elle se fait dans les plantes, de même que la digestion, 14

P

Pensée : c'est un attribut essentiel à l'esprit, 28

Pensée (la) n'est que l'effet de la sensibilité & de l'activité de l'ame, 29

Pensée : on pense différemment dans la santé & dans la maladie, 32

Pensée : si l'essence de l'ame consistoit dans la pensée, on ne dormiroit jamais, 31

Proprietés : elles ne font point l'essence des êtres qui la composent, 28

Proprietés de l'ame sont incompatibles avec celles de la matiere, 17

R

Respiration, c'est une fonction vitale, 12. Les plantes respirent, 15

S

Sentiment : la puissance de sentir est une fonction animale qui dépend d'un principe sensible, 16

Siege de l'ame, 22

DES MATIERES

Solidité : c'est l'essence de la matiere, 17

Sommeil est une suspension de toute action, 31

Sommeil : il affecte l'ame & non le corps, 31

U

Union : c'est l'approximation de deux choses qui se touchent immédiatement, 31

Union : il y en a une si intime entre le corps & l'ame, qu'il semble que ces deux substances n'en fassent qu'une, 32

Fin de la Table.

APPROBATION.

J'Ai lû un Manuscrit intitulé : *Essay sur la nature de l'Ame* ; Je n'y ai rien trouvé qui puisse en empêcher l'impression. A Paris ce 9 Décembre 1746.

Signé, J. TAMPONNET, Docteur de la Faculté de Théologie de Paris.

VU l'Approbation ci-dessus. Permis d'imprimer, à la charge d'enregistrement à la Chambre Syndicale. Ce 13 Décembre 1746.

Signé, MARVILLE.

Registré sur le Livre de la Communauté des Libraires-Imprimeurs de Paris, N°. 3117. *conformément aux Réglemens, & notamment à l'Arrêt du Conseil du* 10 *Juillet* 1745. *A Paris, le* 14 *Décembre* 1746.

Signé, G. CAVELIER pere, Syndic.

www.ingramcontent.com/pod-product-compliance
Lightning Source LLC
Chambersburg PA
CBHW070659050426
42451CB00008B/422